ॐ

AYUSH HOMA

Mantras

for a Long Healthy Life

Read Aloud Pocketbook

Compiled and Edited

Ashwini Kumar Aggarwal

जय गुरुदेव

ISBN13: 978-93-48012-05-0 Paperback Edition
ISBN13: 978-93-48012-34-0 Hardbound Edition
ISBN13: 978-93-48012-04-3 Digital Edition

Title: **Ayush Homa Mantras**
Author: **Ashwini Kumar Aggarwal**

Printed and Published by
Devotees of Sri Sri Ravi Shankar Ashram
34 Sunny Enclave, Devigarh Road,
Patiala 147001, Punjab, India

https://advaita56.weebly.com/
The Art of Living Centre

https://www.artofliving.org/

19th Sep 2025 Friday, Ashwin masa, Trayodashi tithi, Krishna paksha, Ashlesha upari Magha Nakshatra, Sharad Ritu, Dakshinayana, Shraddha Masik Shivaratri.

On this day in
1648 1st Inn aka coffee shop opens in Québec Canada, for creative conversations.
1778 1st Federal budget of American Continental Congress is passed.
1888 1st Beauty contest is held in Spa, Belgium.
1893 New Zealand becomes 1st white nation to grant women voting rights.

Vikram Samvat 2082 Kalayukta, Saka Era 1947 Vishvavasu
1st Edition September 2025

जय गुरुदेव

Dedication

H H Sri Sri Ravi Shankar
for giving us the Monday Rudra Puja

An offering at His Lotus feet

Blessing

Honouring is a sign of divine love. That is called Puja. The ceremony indicates what nature is already doing for you. The Divine worships you in so many forms.

In Puja you offer everything back to the Divine. Each one is supposed to light one lamp. When everyone is enlightened by the glory of their own lamp, the whole environment becomes full of light dispelling the darkness of ignorance.

Honouring leads to devotion. Surrender happens. Surrender to the Divine brings total rest from all anxieties, from all wants.

H H Sri Sri Ravi Shankar
Bangalore Ashram

Table Of Contents

Salient Features of this book

Many times parents wish they could get an inkling of what happens in the temple pujas, or what the local pandit chants during a family ceremony. Parents also wish they could get a more intimate feel of the thought processes and the sacred heritage of our ancestors. Also, many hope that their children can tune in a bit as well. This book has been accordingly designed for crisp and clear readability of the Sanskrit mantras.

Special attention is given to:

- Accuracy of the text from the original scriptures
- Devanagari conjuncts are clearly typed
- Accents on Devanagari text are correctly placed
- Many a time Sandhis have been spaced so that visibility of the words is enhanced
- Enunciation of Sanskrit letters is as per Vedic chanting, especially that of visarga and anusvara. Thus in verse ग॒णाना॑न् त्वा ग॒णप॑तिं हवामहे॒ is written as ग॒णाना॑न् त्वा ग॒णप॑तिꣳ हवामहे॒ to indicate that the anusvara ं is uttered as गुम् ꣳ "gum".

Introduction

All around the world, a Birthday is an event of excitement and new hope. Even anniversaries, whether a Wedding anniversary or a Company's incorporation, become a cause for jubilation and renewed energy.

Why? The whole cosmos is a play of Shakti. Energy can neither be created nor destroyed. However it can be transformed for one's benefit. Energy is more than matter, it is Life also, and the spectrum of desires, emotions and temperaments. Many times we wish for a change. The physical aspects of changing one's job or partner or location do not solve the equation till one's inner being also undergoes a change. Our ancients discovered a methodology for this. They collected a series of hymns from the Vedas and put them together to enhance one's subtle being. It caused a welling up of joy, a building up of strength, and improved habits and lifestyles.

What is the Methodology? Puja is performed with offering of flowers and vermilion to a chosen idol while singing sacred chants. There is also an Abhisheka of the favorite idol, the vibrations of the chanted hymns get absorbed in water and milk and sandal paste. Also a Havan, the sacred fire ritual that has a magnificent impact on weather. The chants are so powerful that one is transported to a different plane, and all round healing and growth occurs. This book serves as a useful guide for pandits trained in a gurukul in the proper Vedic chanting tradition. It helps an ardent devotee to perform puja or perfect his chanting.

Ayush Homa is performed on one's

Nakshatra birthday,
Wedding anniversary, or
Anniversary of an entity.

Vedic Chanting Guideline – Krishna Yajurveda

One gets the feel of Vedic hymns only when one listens to a competent recital. Vedic hymns are chanted in a specific manner. Vedic accents are seen on the verses that indicate when the pitch is to be raised or lowered, or the time for which a vowel is to be lengthened.

Vedic texts follow the sacrosanct rules of Paninian Sanskrit grammar. That needs each alphabet and nasal to be clearly enunciated. Sound is a very powerful medium, and its impact and meaning is great when the correct sound is articulated with proper effort and emphasis. An upaveda named Shiksha Veda lays down significant rules for pronunciation, the science of phonetics.

A letter or conjunct can be uttered only when there is a vowel to it. Basic recitation guidelines are:

1. Utter hrsva vowel for one unit of time, say 1/6th of a second, e.g. अ
2. Utter dirgha vowel for two units of time, i.e. 2/6th of a second, e.g.आ
3. Utter a syllable without any accent, i.e. udatta in normal pitch.
4. Utter a syllable with underline accent, i.e. anudatta in base pitch.
5. Utter a syllab**e**ˈ with vertical bar accent, i.e. svarita in high pitch.

6. Utter a nasal syllable i.e. ङ ञ ण न म with correct tongue position and a nasal twang.
7. Utter ayogavaha characters correctly.

Avagraha ऽ indicates that अ is silent

Visarga ः is to be uttered as ह along with preceding vowel sound at verse end or at a gap in a verse. Visarga is correctly printed in this book.

Visarga ः changes to स् / श् / र् / ओ in specific cases and is to be enunciated accordingly.
Visarga ः is dropped in specific cases and is then silent.

Visarga ः changes to ᳵ when facing प् / फ् and is enunciated as फ्

Visarga ः changes to ᳵ when facing क् / ख् and is enunciated as ख्

Anusvara ं changes to corresponding nasal letter ङ् ञ् ण् न् म् within a word, which is correctly printed in this book.

Anusvara ꣳ appears in specific cases and is to be uttered as "gum" गुम् ।

Anusvara ँ appears in specific cases and is to be uttered as "gaśc" गश्च् ।

Evenness and clarity in articulation comes with lots of practice. Only with proper guidance can one learn where to pause and where to lengthen the syllables. *This is the secret to the power in the Vedic chanting, the sounds renowned for innate ability to heal, cure and protect. The sounds that cleanse and purify, the sounds that nourish and sustain the healthy vibration* ***spanda*** *of the universe.*

Prayer

ॐ श्री गुरुभ्यो नमः । हरिः ॐ ॥

ॐ ग॒णाना॑ं त्वा ग॒णप॑तिꣳ हवामहे क॒विं क॑वी॒नाम् उ॑प॒मश्र॑वस्तमम् ।
ज्ये॒ष्ठरा॒जं ब्रह्म॑णां ब्रह्मणस्पत॒ आ न॑ः शृ॒ण्वन्नू॒तिभि॑स् सीद॒ साद॑नम् ॥

ॐ महागणपत॒ये नमः ।

प्रणो॑ दे॒वी सर॑स्वती॒ वाजे॑भिर्वा॒जिनी॑वती । धी॒नाम॑वि॒त्र्य॑वतु ।
वाग्देव॒यै नमः ॥

ॐ शान्ति॒ः शान्ति॒ः शान्ति॑ः ॥

We begin with invocation of the Guru, Lord Ganesha, and mother Saraswati.

Guru is that person who has opened our mind to the possibilities in creation. Guru is the one who banishes our smallness and qualifies us for greatness. Lord Ganesha = गणेश = गण-ईश = Lord of Atoms and Molecules, i.e. that energy which is responsible for the movement and spin of the basic building blocks of matter. We also invoke Goddess Saraswati, the universal energy of speech, study and proper communication. सरस = fluid, crystal clear lake, mirror like mind. वती = endowed with, possessing.

Performing the Ayush Homa

Purification Hymn पवित्री करणम्

ॐ अपवित्रः पवित्रो वा सर्वावस्थां गतोऽपि वा ।

यः स्मरेत् पुण्डरीकाक्षं स बाह्याभ्यन्तरः शुचिः ॥

This hymn is chanted for purification of mind, body, puja items and surroundings. By purification is meant bringing about calmness in the mind and cleansing the aura of the bodies. We sprinkle water while chanting all around, with a flower dipped in ganga jal Ganges water.

<u>आचमनम्</u>

ॐ केशवाय नमः । ॐ नारायणाय नमः । ॐ माधवाय नमः । sip water thrice. ॐ हृषीकेशाय नमः ॥ wash hands

<u>प्राणायाम</u>

(nadi shodhan with gayatri mantra one round)

ॐ प्रणवस्य परब्रह्म ऋषिः । परमात्मा देवता । देवी गायत्री छन्दः ।

प्राणायामे विनियोगः ॥

ॐ भूः ॐ भुवः ॐ सुवः ॐ महः ॐ जनः ॐ तपः ॐ सत्यम् ।

inhale

ॐ तत्सवितुर्वरेण्यं भर्गो देवस्य धीमहि । धियो यो नः प्रचोदयात् ॥

hold

ॐ आपो ज्योती रसोऽमृतं ब्रह्म भूर्भुवस् सुवरोम् । exhale

पुनः आचमनम्

ॐ आपो ज्योती रसोऽमृतं ब्रह्म भूर्भुवस् सुवरोम् ।

रक्षादीप प्रज्वालनम्

Light a lamp on a bed of rice. Offer flowers and chandan to lamp.

Arrange

- Guruji's large photo
- Mangal kalash with mango leaves & decorated coconut
- Ganapati idol for puja and abhisheka
- 9 colored cloths with navagraha yantra
- Havan kund

Ghanta Puja घण्टानादम्

नाद्-शब्द्-महिं घण्टां सर्व विघ्नो प्रहारिणीम् । पूजये सर्व मन्त्रेण देवस्य प्रीति कारणात् ॥ आगमार्थं तु देवानां गमनार्थं तु रक्षसाम् । आदौ घण्टारवं नित्यम् देवता आह्वान लाञ्छनम् ॥ Ring the bell, to announce the auspicious moment, to awaken the pleasant energies, to spread good cheer amongst all.

॥ अथ भू-शुद्धिः ॥

विष्णु-शक्ति-समुत्पन्ने शङ्खवर्णे महीतले । अनेक-रत्न-सम्पन्ने भूमि-देवी नमोस्तुते ॥ *from Bharat Muni's Natya Shastram.*

॥ अथ आसन-शुद्धिः ॥

पृथ्वि त्वया धृता लोका देवित्वं विष्णुना धृता । त्वं च धारय मां देवि पवित्रं कुरु चासनं ॥

॥ Invoking Bhairava भैरव प्रार्थना ॥

तीक्ष्ण दंष्ट्र महाकाय कल्पान्त दहनोपम । भैरवाय नमस्तुभ्यं अनुज्ञां दातुमर्हसि ॥ *Invoking Bhairava, the fierce aspect of Lord Shiva* - O thee with a gigantic frame and terrifying features. Allow me to offer salutations.

॥ अथ विन्यासः ॥

श्रीगणेश-द्वादश-नाम-स्तोत्रम्

सुमुखश्चैकदन्तश्च कपिलो गजकर्णकः । लम्बोदरश्च विकटो विघ्ननाशो विनायकः । धूम्रकेतुर्गणाध्यक्षो भालचन्द्रो गजाननः । द्वादशैतानि नामानि यः पठेच्छृणुयादपि ॥ विद्यारम्भे विवाहे च प्रवेशे निर्गमे तथा । सङ्ग्रामे सङ्कटे चैव विघ्नस् तस्य न जायते ॥ विद्यार्थी लभते विद्यां धनार्थी विपुलं धनम् । इष्टकामं तु कामार्थी धर्मार्थी मोक्षमक्षयम् ॥

Mangalacharanam

शुक्लाम्बरधरं विष्णुं शशिवर्णं चतुर्भुजम् । प्रसन्नवदनं ध्यायेत् सर्वविघ्नोपशान्तये ॥ तदेव लग्नं सुदिनं तदेव ताराबलं चंद्रबलं तदेव । विद्याबलं दैवबलं तदेव लक्ष्मीपतेः ते अङ्घ्रियुगं स्मरामि ॥ Usher in protection and maintenance for life and property.

ॐ श्री लक्ष्मी-नारायणाभ्यां नमः । ॐ श्री उमा-महेश्वराभ्यां नमः । ॐ श्री वाणी-हिरण्यगर्भाभ्यां नमः । ॐ श्री सीता-रामाभ्यां नमः । ॐ श्री शची-पुरन्दराभ्यां नमः । ॐ श्री अरुणधति-वशिष्टाभ्यां नमः । ॐ दुर्गायै नमः । ॐ गणपतये नमः । ॐ क्षेत्रपालाय नमः । ॐ वास्तुपुरुषाय नमः । ॐ मातृभ्यो नमः । ॐ पितृभ्यो नमः । ॐ गुरुभ्यो नमः । ॐ आचार्येभ्यो नमः । ॐ इष्टदेवताभ्यो नमः । ॐ कुलदेवताभ्यो नमः । ॐ ग्रामादिदेवताभ्यो नमः । ॐ सर्वेभ्यो देवेभ्यो नमः । ॐ सर्वाभ्यो देवताभ्यो नमः । ॐ सर्वेभ्यो ब्राह्मणेभ्यो नमः । ॐ श्रीमद् भगवत् बौद्धायन-आचार्येभ्यो नमः ।

- We invoke the synergy responsible for resources and teams.

- We invoke the synergy responsible for auspiciousness.
- We invoke the synergy responsible for creative works.
- We invoke the synergy responsible for purity and harmony.
- We invoke the synergy responsible for governance.
- We invoke the synergy responsible for counsel & guidance.
- We invoke the synergy responsible for vanquishing fears.
- We invoke the synergy responsible for overcoming blocks.
- We invoke the synergy responsible for securing directions.
- We invoke the synergy responsible for establishing the grid.
- We invoke the synergy responsible for feminine qualities.
- We invoke the synergy responsible for masculine qualities.
- We invoke the synergy responsible for all round care.
- We invoke the synergy responsible for timely education.
- We invoke the synergy responsible for aims & goals.
- We invoke the synergy responsible for family and society.
- We invoke the synergy responsible for community.

Baudhayana sutras are the earliest Vedic sutras that cover general laws of life and living, and include mathematics and shulba sutras. Here we understand that one lives in an ecosystem, success is dependent on many factors working in synergy.

अविघ्नमस्तु

वक्रतुण्ड महाकाय सूर्यकोटिसमप्रभ । निर्विघ्नं कुरु मे देव सर्वकार्येषु सर्वदा ॥ (gently tap 9 times on the sides of one's head with the knuckles, to awaken the intellect and banish dullness).

Sankalpam is complete statement of precise time, place, and wish.

[Example is for Monday date 14 Nov 2016 time 7:00am place Ludhiana, India. Notice that it is the day of Kartik Poornima, most auspicious for Puja.

Words in brackets are to be changed as per the day Panchang when actual Puja is being done].

Sankalpam सङ्कल्पम्

Keep akshat and flowers and water in left palm. Cover the left palm with the right palm, and place on right knee. (Rice grains to symbolize earnestness, totality of being; flowers to indicate wonder at the changing needs and wants; water for purity).

शुभे शोभने मुहूर्ते ... प्रारम्भ-काल-सुमुहूर्तमस्तु
ॐ विष्णुः विष्णुः विष्णोराज्ञया प्रवर्तमानस्य अद्य ब्रह्मणः द्वितीय प्रहरार्द्धे श्री श्वेत-वराह-कल्पे वैवस्वत-मन्वन्तरे कलियुगे अष्टाविंशति-तमे तत् प्रथम-पादे जम्बू-द्वीपे भरत-खण्डे भारत-वर्षे महामेरोः [पश्चिमे] दिग्भागे [दक्षिणे] पार्श्वे [श्रीमद् शतद्रोः सतलुज] नदी-तीरे बौद्धावतारे राम-क्षेत्रे [पंजाब] प्रदेशे [लुधियाना]-पुण्य नगर्यां दण्डकारण्ये अस्मिन् वर्तमानकाले व्यवहारिके प्रभवादि षष्ठ्यां संवत्सराणां मध्ये [सौम्य]-नाम संवत्सरे [दक्षिण]-आयने [शरद]-ऋतौ [कार्तिक]-मासे [शुक्ले]-पक्षे अद्य [पूर्णिमा]-शुभतिथौ वासरः वासरस्तु [सोम]-वासरे वासरयुक्तायां [भारिणी]-नक्षत्र-युक्तायां शुभयोग शुभकरण एवं गुण विशेषेण विशिष्टायां पुण्यायां पुण्यकाले महापुण्य शुभतिथौ – [सिङ्गल]-गोत्रोद्-भवानां [पुनर्वसु]-नक्षत्रे [कर्क]-राशौ जातानां [your name]- atreya गोत्रोद्-भवानां ardra नक्षत्रे mithun राशौ जातानां श्री वेद विज्ञान महाविद्यापीठे विराजमानानां श्री श्री गुरुणां तथा आश्रमे आगामितानां सर्वेषां भक्त-महाजनानां अस्माकं सहकुटुम्बानां बन्धुजनवर्गस्य -

क्षेम, स्थैर्य-वीर्य-विजय-आयुः, आयुष्य आरोग्य, ऐश्वर्याणाम् अभिवृद्धिः अर्थं, देशविदेशेषु सनातन धर्म प्रचार कार्येषु यशोलाभ प्राप्त्यर्थं, समस्त-मङ्गल-अवाप्ति-अर्थं, अलक्ष्मी निवार्णार्थं, अष्टलक्ष्मी स्थैर्यता सिद्धि-अर्थं , समस्त-दुरित-उपशान्ति-अर्थं, इष्ट-काम्यर्थ-सिद्धि-अर्थं, धर्म-अर्थ-काम-मोक्ष चतुर्विधफल पुरुषार्थ-सिद्धि-अर्थं, Navagraha, Mrityunjaya, Ayur Devata anugraha prasadena, arogya purna dirgha ayushya, प्रसादेन सर्वारिष्ट शान्ति-अर्थं, सर्वान्-अनुकूलता सिध्यर्थं, सर्वमनोरथ अवाप्ति-अर्थं, श्रेयोभिः अभिवृद्धि-अर्थं, shree parameshvar pritiartham Ayushya Homa करिष्ये । (gently drop the flowers and akshat on plate). It is important to desire for universal well-being in addition to personal gains and aims. It is important to prioritize goals, then give time and effort to realize them.

Ganapati Puja गणपति पूजा

आदौ निर्विघ्नता सिद्ध्यर्थं श्रीमहागणपतिं पूजां करिष्ये ।

ॐ गणानां त्वा गणपतिꣳ हवामहे कविं कवीनाम् उपमश्रवस्तमम् ।

ज्येष्ठराजं ब्रह्मणां ब्रह्मणस्पत आ नश् शृण्वन्नूतिभिस् सीद सादनम् ॥

वक्रतुण्ड महाकाय सूर्यकोटी समप्रभ । निर्विघ्नं कुरु मे देव सर्वकार्येषु सर्वदा ॥

श्रीमन् महागणपतये नमः । आवाहयामि । स्थापयामि । पूजयामि ॥

महागणपतये नमः dhyayami

आसनम् आवाहयामि । रत्न-सिंहासनं समर्पयामि ।

पाद्यम् पादारविन्दयोः पाद्यं पाद्यं समर्पयामि ।

अर्घ्यम् हस्तयोः अर्घ्यं अर्घ्यं समर्पयामि ।

आचमनम् मुखारविन्दे आचमनीयं आचमनीयं समर्पयामि ।

Ganapati Pancamrit Snanam

पञ्चामृताभिषेकं

Invoking the pancamrit devatas

पञ्चामृताभिषेकं कर्तुम् पञ्चदेवता-आह्वान-पूजां करिष्ये । ॐ क्षीरेसोमाय नमः । सोमम् आवाहयामि । स्थापयामि । पूजयामि ॥ ॐ दध्निवायवे नमः । वायुम् आवाहयामि । स्थापयामि । पूजयामि ॥ ॐ घृतेरवये नमः । रविम् आवाहयामि । स्थापयामि । पूजयामि ॥ ॐ मधुनिविश्वेभ्यो देवेभ्यो नमः । विश्वान् देवान् आवाहयामि । स्थापयामि । पूजयामि ॥ ॐ शर्करायांसवित्रे नमः । सवितारम् आवाहयामि । स्थापयामि । पूजयामि ॥ आह्वाहित पञ्चद्रव्य देवताभ्यो नमः । जल-गन्धादि पूजां समर्पयामि ॥

(welcome the beautiful emotions, viz., love, compassion, sincerity, contentment, and truthful intention).

Marjanam आदौ मलापकर्ष-स्नानं करिष्ये

ॐ आपो हि ष्ठा मयो भुवस्तान ऊर्जे दधातन । महे रणाय चक्षसे । यो वः शिवतमो रसस् तस्य भाजयते ह नः । उशतीरिव मातरः । तस्मा अरङ्ग माम वो यस्य क्षयाय जिन्वथ । आपो जनयथा च नः ॥ मलापकर्ष-स्नानं समर्पयामि ॥ (welcome the innocence, simplicity, purity, caring and belongingness).

आदौ क्षीरेण स्ना पयिष्ये Milk

ॐ आप्यायस्व समेतु ते विश्वतस् सोम वृष्णियम् । भवा वाजस्य सङ्गथे ॥ क्षीरस्नानं समर्पयामि । क्षीरस्नानान्तरम् शुद्धोदकेन स्ना

पयिष्ये । ॐ सद्योजातं प्रपद्यामि सद्योजाताय वै नमो नमः । भवे भवे नातिभवे भवस्व माम् । भवोद्भवाय नमः ॥ शुद्धोदकस्नानं समर्पयामि ॥

दध्ना स्ना पयिष्ये Curd

ॐ दधिक्राव्णो अकारिषं जिष्णोरश्वस्य वाजिनः । सुरभि नो मुखा करत्प्रण आयूꣳषि तारिषत् ॥ दधिस्नानं समर्पयामि । ॐ वामदेवाय नमो ज्येष्ठाय नमः श्रेष्ठाय नमो रुद्राय नमः कालाय नमः कलविकरणाय नमो बलविकरणाय नमो बलाय नमो बलप्रमथनाय नमस् सर्वभूतदमनाय नमो मनोन्मनाय नमः ॥ शुद्धोदकस्नानं समर्पयामि ॥

घृतेन स्ना पयिष्ये Ghee

ॐ शुक्रमसि ज्योतिरसि तेजोऽसि देवो वस् सवितोत् पुनात्वच्छिद्रेण पवित्रेण वसोस् सूर्यस्य रश्मिभिः ॥ घृतस्नानं समर्पयामि ॥ ॐ अघोरेभ्योऽथ् अघोरेभ्यो घोरघोरतरेभ्यः । सर्वेभ्यस् सर्वशर्वेभ्यो नमस्ते अस्तु रुद्ररूपेभ्यः ॥ शुद्धोदकस्नानं समर्पयामि ॥

मधुना स्ना पयिष्ये Honey

ॐ मधु वाता ऋतायते मधु क्षरन्ति सिन्धवः । माध्वीर्नस् सन्त्वोषधीः ॥ मधुनक्तमुतोषसि मधुमत्पार्थिवꣳ रजः । मधु द्यौरस्तु नः पिता ॥ मधुमान्नो वनस्पतिर्मधुमाꣳ अस्तु सूर्यः । माध्वीर्गावो भवन्तु नः ॥ मधुस्नानं समर्पयामि । ॐ तत्पुरुषाय विद्महे महादेवाय धीमहि । तन्नो रुद्रः प्रचोदयात् ॥ शुद्धोदकस्नानं समर्पयामि ॥

शर्करया स्ना पयिष्ये Shakkar

ॐ स्वादुः पवस्व दिव्याय जन्मने स्वादुर् इन्द्राय सुहवीतु नाम्ने । स्वादुर् मित्राय वरुणाय वायवे बृहस्पतये मधुमाꣳ अदाभ्यः ॥ शर्करास्नानं समर्पयामि । ॐ ईशानस् सर्वविद्यानाम् ईश्वरस् सर्वभूतानां ब्रह्माधिपतिर् ब्रह्मणोऽधिपतिर् ब्रह्मा शिवो मे अस्तु सदा शिवोम् ॥ शुद्धोदकस्नानं समर्पयामि ॥

क्षीरो दधि-घृतं चैव मधु-शर्करान्वितम् । पञ्चामृतं गृहाणेदं जगन्नाथ नमोस्तुते ॥ पञ्चामृताभिषेक-स्नानं समर्पयामि ॥

नमो व्रातपतये । नमो गणपतये । नमः प्रमथपतये । नमस्ते अस्तु लम्बोदरायैकदन्ताय विघ्नविनाशिने शिवसुताय श्रीवरदमूर्तये नमो नमः ॥ Aachamanam समर्पयामि । vastropavitam सकल पूजार्थे अक्षतान् समर्पयामि ।

Gandham गन्धं-द्वारां दुराधर्षां नित्यपुष्टां करीषिणीम् । ईश्वरीं सर्वभूतानां तामिहोपह्वये श्रियम् ॥

गणपति द्वादशनाम om sumukhaya namah ॐ एकदन्ताय नमः । ॐ कपिलाय नमः । ॐ गजकर्णकाय नमः । ॐ लम्बोदराय नमः । ॐ विकटाय नमः । ॐ विघ्नराजाय नमः । ॐ गणाधिपाय नमः । ॐ धूम्रकेतवे नमः । ॐ गणाध्यक्षाय नमः । ॐ भालचन्द्राय नमः । ॐ गजाननाय नमः । ॐ सिद्धिविनायकाय नमः । अक्षतान् समर्पयामि । फलं निवेदयामि ॥

हस्तप्रक्षालनं समर्पयामि । मुखवासनार्थे ताम्बूलं समर्पयामि ।

Aarti

कर्पूरगौरं करुणाऽवतारं संसारसारं भुजगेन्द्रहारम् । सदा वसन्तं हृदया रविन्दे भवं भवानी सहितं नमामि ॥ श्री महागणपतये मङ्गलनिराजनंदीपं दर्शयामि । आचमनियम समर्पयामि । परिमलपुष्पाणि समर्पयामि । रक्षरक्षान् धारयामि । Mangalmurti modaya modaya. Vighnaharta shree maha ganapataye priyatam.

आयुष्य मंत्र जाप

मार्कंडेय महाभाग सप्तकल्पान्तजीवन ।
आयुरारोग्यं ऐश्वर्यं देहि मे मुनिपुंगव ॥ १
अश्वत्थामा बलिर्व्यासो हनुमांश्च विभीषणः ।
कृपः परशुरामश्च सप्तैते चिरजीविनः ॥ २
क्षित्यब्वायुवियत्तेजो ब्रह्मविष्णुमहेश्वराः ।
मामेव हि सदा पान्तु मार्कंडेयो भवाम्यहम् ॥ ३
ॐ मृत्युंजय महादेव त्राहिमां शरणागतम् ।
जन्ममृत्यु जराव्याधि पीडितं कर्मबन्धनैः ॥ ४

पंचोपचार पूजा समर्प्यामि ।

Kalash Sthapana

स्योना पृथिवि नो भवान् ऋक्षरा निवेशनी । यच्छा नः शर्मस प्रथाः
॥ Rigveda 8.63.12

काण्डात्-काण्डात् प्ररोहन्ती परुषः-परुषस् परि ।
एवा नो दूर्वे प्र तनु सहस्रेण शतेन च ॥ Yajurveda 13.20

Kalasha Puja अथ कलशार्चनम्

कलशस्य मुखे विष्णुः कण्ठे रुद्रस् समाश्रितः । मूले तत्र स्थितो ब्रह्मा मध्ये मातृगणास् स्मृताः ॥ कुक्षौ तु सागरास् सर्वे सप्तद्वीपा वसुन्धरा । ऋग्वेदोऽथ यजुर्वेदस् सामवेदो ह्यथर्वणः ॥ अङ्गैश्च सहितास् सर्वे कलशं तु समाश्रिताः । अत्र गायत्री सावित्री शान्तिः पुष्टिकरी तथा ॥ आयान्तु देवपूजार्थं दुरितक्षयकारकाः । सर्वे समुद्रास् सरितस् तीर्थानि जलदा नदाः ॥ गङ्गे च यमुने चैव गोदावरि सरस्वति । नर्मदे सिन्धु कावेरि जलेऽस्मिन् सन्निधिं कुरु ॥
Water source of life – honor the amrit kalasha.

Sprinkling Water

शङ्खोदकेन पूजाद्रव्याणि प्रोक्ष्य, पूजोपकरणं संप्रोक्ष्य, देवस्य मूर्तिः अस्मिन् प्रोक्ष्य, आत्मानं च प्रोक्ष्य । Sprinkle purifying water on puja items and on self, pour balance water on earth.

One becomes Divine-like अथ आत्मार्चनम्

यो वेदादौ स्वरः प्रोक्तो वेदान्ते च प्रतिष्ठितः । तस्य प्रकृतिलीनस्य यः परस् स महेश्वरः ॥ तस्याः शिखाया मध्ये परमात्मा व्यवस्थितः । स ब्रह्म स शिवस् स हरिस् स इन्द्रस् सोऽक्षरः परमस् स्वराट् ॥

Place flower petals on one's head.

Verses from MahaNarayana Upanishad 4th Prashna 12th Anuvaka and Narayana Sukta, Taittiriya Aranyakam 4 Prapathaka 10 Anuvaka13.

Invoking the 14 lokas

ॐ अतलाय नमः । ॐ वितलाय नमः ।ॐ सुतलाय नमः । ॐ तलातलाय नमः । ॐ रसातलाय नमः । ॐ महातलाय नमः । ॐ पातालाय नमः । ॐ भूर्लोकाय नमः । ॐ भुवर्लोकाय नमः । ॐ स्वर्लोकाय नमः । ॐ महर्लोकाय नमः । ॐ जनोलोकाय नमः । ॐ तपोलोकाय नमः । ॐ सत्यलोकाय नमः ॥ ॐ चतुर्दशभुवनाधीश्वराय नमः ॥ ॐ उत्तरतः चण्डेश्वराय नमः । सर्वस्य देवता नमः । इति विसर्जयेत् । इत्यात्मार्चनम् ।

(to appreciate that the creation is much more than what is apparent to the senses; rules and laws are temporal).

Invoking the Yonis अथ मण्टपार्चनम्

ॐ यक्षेभ्यो नमः । ॐ रक्षेभ्यो नमः । ॐ अप्सरेभ्यो नमः । ॐ गन्धर्वेभ्यो नमः । ॐ किन्नरेभ्यो नमः । ॐ गोभ्यो नमः । ॐ देव-मातृभ्यो नमः । ॐ मण्टपाश्रितदेवताभ्यो नमः। जल गन्धाद्युपचार पूजां समर्पयामि ॥ (highlights that one has lived in various types of bodies).

Dvarpal Puja अथ द्वारपाल-पूजां करिष्ये

ॐ पूर्वद्वारे द्वारश्रियै नमः । धात्रे नमः । विधात्रे नमः । ॐ दक्षिणद्वारे द्वारश्रियै नमः । चण्डाय नमः । प्रचण्डाय नमः । ॐ पश्चिमद्वारे द्वारश्रियै नमः । जयाय नमः । विजयाय नमः । ॐ उत्तरद्वारे द्वारश्रियै नमः । शङ्खनिधये नमः । पुष्पनिधये नमः । द्वारपाल पूजां समर्पयामि ॥ (honor the four directions and the geographical energies they represent).

Navagraha Puja

ॐ आसत्येन रजसा वर्तमानो निवेशयन्नमृतं मर्त्यं च ।
हिरण्ययेन सविता रथेनाऽऽदेवो याति भुवना विपश्यन् ।
अग्निं दूतं वृणीमहे होतारं विश्ववेदसम् । अस्य यज्ञस्य सुक्रतुम् ॥
येषामीशे पशुपतिः पशूनां चतुष्पदामुत च द्विपदाम् ।
निष्क्रीतोऽयं यज्ञियं भागमेतु रायस्पोषा यजमानस्य सन्तु ॥
ॐ अधिदेवता प्रत्यधिदेवता सहिताय आदित्याय नमः ॥ १ ॥ आदित्य

ॐ आप्यायस्व समेतु ते विश्वतस्सोम वृष्णियम् ।
भवा वाजस्य सङ्गथे ॥ अप्सुमे सोमो अब्रवीदन्तर्विश्वानि भेषजा ।
अग्निञ्च विश्वशम्भुवमापश्च विश्वभेषजीः ।
गौरी मिमाय सलिलानि तक्षत्येकपदी द्विपदी सा चतुष्पदी ।
अष्टापदी नवपदी बभूवुषी सहस्राक्षरा परमे व्योमन् ।
ॐ अधिदेवता प्रत्यधिदेवता सहिताय सोमाय नमः ॥ २ ॥ सोम

ॐ अग्निर्मूर्द्धा दिवः ककुत्पतिः पृथिव्या अयम् ।
अपाꣳ रेताꣳसि जिन्वति । स्योना पृथिवि भवाऽनृक्षरा निवेशनि ।
यच्छानश्शर्म सप्रथाः । क्षेत्रस्य पतिना वयꣳहितेनेव जयामसि ।
गामश्वं पोषयिन्त्वा स नो मृडातीदृशे ॥ ॐ अधिदेवता प्रत्यधिदेवता
सहिताय अङ्गारकाय नमः ॥ ३ ॥ अङ्गार

ॐ उद्बुध्यस्वाग्ने प्रतिजागृह्येनमिष्टापूर्ते सꣳसृजेथामयञ्च ।
पुनः कृण्वꣳस्त्वा पितरं युवानमन्वाताꣳसीत्वयि तन्तुमेतम् ॥

इदं विष्णुर्विचक्रमे त्रेधा निदधे पदम् । समूढमस्यपाꣳ सुरे ॥
विष्णो रराटमसि विष्णोः पृष्ठमसि विष्णोश्श्नप्त्रेस्थो विष्णोस्स्यूरसि
विष्णोर्ध्रुवमसि वैष्णवमसि विष्णवे त्वा ।
ॐ अधिदेवता प्रत्यधिदेवता सहिताय बुधाय नमः ॥ ४॥ बुध

ॐ बृहस्पते अतियदर्यो अर्हाद्युमद्विभाति क्रतुमज्जनेषु ।
यद्दिदयच्चवसर्तप्रजात तदस्मासु द्रविणन्धेहि चित्रम् ॥
इन्द्रमरुत्व इह पाहि सोमं यथा शार्याते अपिबस्सुतस्य ।
तव प्रणीती तव शूरशर्मन्नाविवासन्ति कवयसुयज्ञाः ॥
ब्रह्मजज्ञानं प्रथमं पुरस्ताद्विसीमतस्सुरुचो वेन आवः ।
सबुध्निया उपमा अस्य विष्ठास्सतश्च योनिमसतश्च विवः
ॐ अधिदेवता प्रत्यधिदेवता सहिताय बृहस्पतये नमः ॥ ५॥ बृहस्पति

ॐ प्रवश्शुक्राय भानवे भरध्वम् । हव्यं मतिं चाग्नये सुपूतम् ॥
यो दैव्यानि मानुषा जनूꣳषि । अन्तर्विश्वानि विद्म ना जिगाति ॥
इन्द्राणीमासु नारिषु सुपत्नीमहमश्रवम् ।
न ह्यस्या अपरञ्चन जरसा मरते पतिः ॥
इन्द्रं वो विश्वतस्परि हवामहे जनेभ्यः । अस्माकमस्तु केवलः ॥
ॐ अधिदेवता प्रत्यधिदेवता सहिताय शुक्राय नमः ॥ ६॥ शुक्र

ॐ शन्नो देवीरभिष्टय आपो भवन्तु पीतये। शंयोरभिस्त्रवन्तु नः ॥
प्रजापते न त्वदेतान्यन्यो विश्वा जातानि परिता बभूव ।
यत्कामास्ते जुहुमस्तन्नो अस्तु वयꣳस्याम पतयो रयीणाम् ।
इमं यमप्रस्तरमाहि सीदाऽङ्गिरोभिः पितृभिस्संविदानः ।

आत्वा मन्त्राः कविशस्ता वहन्त्वेना राजन् हविषा मादयस्व ॥
ॐ अधिदेवता प्रत्यधिदेवता सहिताय शनैश्चराय नमः ॥ ७॥ शनि

ॐ कया नश्चित्र आभुवदूती सदावृधस्सखा।
कया शचिष्ठया वृता ।
आऽयङ्गौः पृश्निरक्रमीदसनन्मातरं पुनः । पितरञ्च प्रयन्त्सुवः ।
यत्ते देवी निर्ऋतिराबबन्ध दाम ग्रीवास्वविचर्त्यम् ।
इदन्ते तद्विष्याम्यायुषो न मध्यादथाजीवः पितुमद्धि प्रमुक्तः ॥
ॐ अधिदेवता प्रत्यधिदेवता सहिताय राहवे नमः ॥ ८॥ राहु

ॐ केतुङ्कृण्वन्नकेतवे पेशो मर्या अपेशसे। समुषद्भिरजायथाः ॥
ब्रह्मा देवानां पदवीः कवीनामृषिर्विप्राणां महिषो मृगाणाम् ।
श्येनोगृध्राणाꣳस्वधितिर्वनानाꣳ सोमः पवित्रमत्येति रेभन्।
सचित्र चित्रं चितयन्तमस्मे चित्रक्षत्र चित्रतमं वयोधाम् ।
चन्द्रं रयिं पुरुवीरम् बृहन्तं चन्द्रचन्द्राभिर्गृणते युवस्व ॥
ॐ अधिदेवता प्रत्यधिदेवता सहितेभ्यः केतुभ्यो नमः ॥ ९॥ केतुं

॥ ॐ आदित्यादि नवग्रह देवताभ्यो नमो नमः ॥
॥ ॐ शान्तिः शान्तिः शान्तिः ॥

Offer water, flowers, chandan.

Mrityunjaye Puja

ॐ त्र्यंम्बकयूँ यजामहे सुगन्धिं पुष्टिवर्धनम् ।
उर्वारुकमिव बन्धनान् मृत्योर् मुक्षीय माऽमृतात् ॥

Chant the mrityunjaye suktam
मृत्युञ्जयाय रुद्राय नीलकण्ठाय शम्भवे ।
अमृतेशाय शर्वाय महादेवाय ते नमः ॥ १ ॥
कालेश्वर महाकालं कालञ्जरनिवासिनम् ।
कालकृत्कालवेत्तारं प्रणतोऽस्मि सदा शिवम् ॥ २ ॥
नमस्ते बोधरूपाय कालान्तक नमोऽस्तु ते ।
कालाधिप नमस्तेऽस्तु सर्वकालप्रवर्तक ॥ ३ ॥
कलासकलरूपेण कलाभिर्विश्वरूपधृत् ।
विश्वेश्वर नमस्तेऽस्तु आदिकालप्रवर्तक ॥ ४ ॥
जय श्वेतनिमित्तोग्र मृत्युदेहनिपातन ।
जयाशेषसुरावास काममोहित शैलज ॥ ५ ॥

Offer water, flowers, chandan.

Ayur Devi Puja

ध्यायेद्धेमाम्बुजारूढां वरदाभयपाणिकाम् । आयुष्यदेवतां नित्यामाश्रिताभीष्टसिद्धिदाम् । आयुर्देवि महाप्राज्ञे सूतिकागृहवासिनि । पूजिता परया भक्त्या दीर्घमायुः प्रयच्छ मे । सिंहस्कन्धगतां देवीं चतुर्हस्तां त्रिलोचनाम् । शक्तिशूलगदापद्मधारिणीं चन्द्रमौलिकाम् । विचित्रवस्त्रसंयुक्तां स्वर्णाभरणभूषिताम् । सिंहस्कन्धगतां देवीं चतुर्हस्तां त्रिलोचनाम् । सिंहस्कन्धगते देवि सुरासुरसुपूजिते । प्रभवात्यब्दके सङ्घे आयुर्देवि नमोऽस्तु ते । आयुर्देवि नमस्तुभ्यं वर्षदेवि नमोऽस्तु ते । आयुर्देहि बलं देहि सर्वारिष्टं व्यपोहय । आयुष्मदात्मिकां देवीं करालवदनोज्ज्वलाम् । घोररूपां सदा ध्यायेदायुष्यं याचयाम्यहम् । शुभं भवतु कल्याणि आयुरारोग्यसम्पदाम् । सर्वशत्रुविनाशाय आयुर्देवि नमोऽस्तु ते षष्ठांशां प्रकृतैस्सिद्धां प्रतिष्ठाप्य च सुप्रभाम् । सुप्रदां चापि शुभदां दयारूपां जगत्प्रसूम् । देवीं षोडशवर्षां तां शाश्वतस्थिरयौवनाम् । बिम्बोष्ठीं सुदतीं शुद्धां शरच्चन्द्रनिभाननाम् । नमो देव्यै महादेव्यै सिद्ध्यै शान्त्यै नमो नमः । शुभायै देवसेनायै आयुर्देव्यै नमो नमः । वरदायै पुत्रदायै धनदायै नमो नमः । सृष्ट्यै षष्ठांशरूपायै सिद्धायै च नमो नमः । मायायै सिद्धयोगिन्यै आयुर्देव्यै नमो नमः । सारायै शारदायै च परादेव्यै नमो नमः । बालारिष्टहरे देवि आयुर्देव्यै नमो नमः । कल्याणदायै कल्याण्यै फलदायै च कर्मणाम् । प्रत्यक्षायै स्वभक्तानामायुर्देव्यै नमो नमः । सर्वदेवरक्षणकारिण्यै आयुर्देव्यै नमो नमः । शुद्धसत्त्वस्वरूपायै वन्दितायै नृणां सदा । वर्जितक्रोधहिंसायै आयुर्देव्यै नमो नमः ।

Offer water, flowers, kumkum.

ॐ ईशानस् सर्व॑विद्या॒ना॒म् ईश्वरस् सर्व॑भूता॒ना॒ं ब्रह्माधि॑पति॒र्
ब्रह्म॒णोऽधि॑पति॒र् ब्रह्मा॑ शि॒वो मे॑ अस्तु सदा शि॒वोम् ॥

ॐ सूर्याय नमः ।

ॐ चन्द्राय नमः ।

ॐ अङ्गारकाय नमः ।

ॐ बुधाय नमः ।

ॐ बृहस्पतये नमः ।

ॐ शुक्राय नमः ।

ॐ शनैश्चराय नमः ।

ॐ राहवे नमः ।

ॐ केतवे नमः ।

ॐ महादेवाय नमः । 1

ॐ रुद्राय नमः । 2

ॐ शर्वाय नमः । 3

ॐ पशुपतये नमः । 4

ॐ उग्राय नमः । 5

ॐ भीमाय नमः । 6

ॐ ईशानाय नमः । 7

ॐ भवाय नमः । 8

ॐ शर्वाय नमः । 9

ॐ कपर्दिने नमः । 10

ॐ नीललोहिताय नमः । 11

ॐ सदाशिवाय नमः । 12

FIRE RITUAL - HAVAN

Havan with Ganapati Atharvashirsha

ॐ भद्रं कर्णेभिश् शृणुयाम देवाः । भद्रं पश्ये माक्षभिर् यजत्राः । स्थिरैरङ्गैस् तुष्टुवाꣳ सस्तनूभिः । व्यशेम देवहितयँ यदायुः । स्वस्ति न इन्द्रो वृद्धश्रवाः । स्वस्ति नः पूषा विश्ववेदाः । स्वस्ति नस्ताक्ष्यो अरिष्टनेमिः । स्वस्ति नो बृहस्पतिर्दधातु ॥ ॐ शान्तिः शान्तिः शान्तिः ॥

ॐ नमस्ते गणपतये । त्वमेव प्रत्यक्षं तत्त्वमसि । त्वमेव केवलं कर्ताऽसि । त्वमेव केवलं धर्ताऽसि । त्वमेव केवलं हर्ताऽसि । त्वमेव सर्वं खल्विदं ब्रह्मासि । त्वं साक्षाद् आत्माऽसि नित्यम् ॥ १ ॥ स्वाहा ॥ offer oblations.

ऋतं वच्मि । सत्यं वच्मि ॥ २ ॥ स्वाहा ॥ offer oblations.

अव त्वं माम् । अव वक्तारम् । अव श्रोतारम् । अव दातारम् । अव धातारम् । अवानूचानमव शिष्यम् । अव पश्चात्तात् । अव पुरस्तात् । अवोत्तरात्तात् । अव दक्षिणात्तात् । अव चोर्ध्वात्तात् । अवाधरात्तात् । सर्वतो मां पाहि पाहि समन्तात् ॥ ३ ॥ स्वाहा ॥ offer oblations.

त्वं वाङ्मयस् त्वं चिन्मयः । त्वम् आनन्दमयस् त्वं ब्रह्ममयः । त्वं सच्चिदानन्दाऽद्वितीयोऽसि । त्वं प्रत्यक्षं ब्रह्मासि । त्वं ज्ञानमयो विज्ञानमयोऽसि ॥ ४ ॥ स्वाहा ॥ offer oblations.

सर्वं जगदिदं त्वत्तो जायते । सर्वं जगदिदं त्वत्तस् तिष्ठति । सर्वं जगदिदं त्वयि लयमेष्यति। सर्वं जगदिदं त्वयि प्रत्येति । त्वं भूमिरापोऽनलोऽनिलो नभः । त्वं चत्वारि वाक्पदानि ॥ ५॥ स्वाहा ॥ offer oblations.

त्वं गुणत्रयातीतः । त्वम् अवस्थात्रयातीतः । त्वं देहत्रयातीतः । त्वं कालत्रयातीतः । त्वं मूलाधारस्थितोऽसि नित्यम् । त्वं शक्तित्रयात्मकः । त्वाँ योगिनो ध्यायन्ति नित्यम् । त्वं ब्रह्मा त्वं विष्णुस् त्वं रुद्रस् त्वं इन्द्रस् त्वं अग्निस् त्वं वायुस् त्वं सूर्यस् त्वं चंद्रमास् त्वं ब्रह्म भूर्भुवस् सुवरोम् ॥ ६ ॥ स्वाहा ॥ offer oblations.

गणादिं पूर्वमुच्चार्य वर्णादीं स्तदनन्तरम् । अनुस्वारः परतरः । अर्धेन्दुलसितम् । तारेण ऋद्धम् । एतत् तव मनुस्वरूपम् । गकारः पूर्वरूपम् । अकारो मध्यमरूपम् । अनुस्वारश्चान्त्यरूपम् । बिन्दुरुत्तररूपम् । नादस् सन्धानम् । सꣳहिता सन्धिः । सैषा गणेशविद्या । गणक ऋषिः । निचृद् गायत्रीच्छन्दः । श्री महागणपतिर् देवता । ॐ गं गणपतये नमः ॥ ७॥ स्वाहा ॥ offer oblations.

एकदन्ताय विद्महे वक्रतुण्डाय धीमहि । तन्नो दन्तिः प्रचोदयात् ॥ ८॥ स्वाहा ॥ offer oblations.

एकदन्तं चतुर् हस्तं पाशम् अङ्कुशधारिणम् । रदं च वरदं हस्तैर् विभ्राणं मूषकध्वजम् । रक्तं लम्बोदरं शूर्पकर्णकं रक्तवाससम् । रक्तगन्धानुलिप्ताङ्गं रक्तपुष्पैस् सुपूजितम् । भक्तानुकम्पिनं देवं जगत् कारणम् अच्युतम् । आविर्भूतं च सृष्ट्यादौ प्रकृतेः पुरुषात्परम् । एवं ध्यायति यो नित्यं स योगी योगिनां वरः ॥ ९॥ स्वाहा ॥ offer oblations.

नमो व्रातपतये । नमो गणपतये । नमः प्रमथपतये । नमस्ते अस्तु लम्बोदरायैकदन्ताय विघ्नविनाशिने शिवसुताय श्रीवरदमूर्तये नमो नमः ॥ १०॥ स्वाहा ॥ offer oblations.

ॐ महागणपतिर्प्रसाद सिद्धिरस्तु ।

शान्ति मन्त्रः

ॐ स॒ह ना॑ववतु । स॒ह नौ॑ भुनक्तु । स॒ह वी॒र्यं॑ करवावहै । ते॒ज॒स्वि॒ना॒वधी॑तमस्तु॒ मा वि॑द्वि॒षा॒वहै॑ ॥ ॐ शान्ति॒ः शान्ति॒ः शान्ति॑ः ॥

Shanti Mantra Essence

May we come together to partake of wisdom. May we enjoy together. May we grow in strength together. May our intellect shine and our study be brilliant. May we not put down each other. Om - Peace in our heart, in our body and in our environs.

Havan with Mrityunjaya Mantra

ॐ त्र्यम्बकयँ यजामहे सुगन्धिं पुष्टिवर्धनम् । उर्वारुकमिव बन्धनान्
मृत्योर् मुक्षीय माऽमृतात् ॥ स्वाहा ॥ 1
ॐ त्र्यम्बकयँ यजामहे सुगन्धिं पुष्टिवर्धनम् । उर्वारुकमिव बन्धनान्
मृत्योर् मुक्षीय माऽमृतात् ॥ स्वाहा ॥ 2
ॐ त्र्यम्बकयँ यजामहे सुगन्धिं पुष्टिवर्धनम् । उर्वारुकमिव बन्धनान्
मृत्योर् मुक्षीय माऽमृतात् ॥ स्वाहा ॥ 3
ॐ त्र्यम्बकयँ यजामहे सुगन्धिं पुष्टिवर्धनम् । उर्वारुकमिव बन्धनान्
मृत्योर् मुक्षीय माऽमृतात् ॥ स्वाहा ॥ 4
ॐ त्र्यम्बकयँ यजामहे सुगन्धिं पुष्टिवर्धनम् । उर्वारुकमिव बन्धनान्
मृत्योर् मुक्षीय माऽमृतात् ॥ स्वाहा ॥ 5
ॐ त्र्यम्बकयँ यजामहे सुगन्धिं पुष्टिवर्धनम् । उर्वारुकमिव बन्धनान्
मृत्योर् मुक्षीय माऽमृतात् ॥ स्वाहा ॥ 6
ॐ त्र्यम्बकयँ यजामहे सुगन्धिं पुष्टिवर्धनम् । उर्वारुकमिव बन्धनान्
मृत्योर् मुक्षीय माऽमृतात् ॥ स्वाहा ॥ 7
ॐ त्र्यम्बकयँ यजामहे सुगन्धिं पुष्टिवर्धनम् । उर्वारुकमिव बन्धनान्
मृत्योर् मुक्षीय माऽमृतात् ॥ स्वाहा ॥ 8
ॐ त्र्यम्बकयँ यजामहे सुगन्धिं पुष्टिवर्धनम् । उर्वारुकमिव बन्धनान्
मृत्योर् मुक्षीय माऽमृतात् ॥ स्वाहा ॥ 9
ॐ त्र्यम्बकयँ यजामहे सुगन्धिं पुष्टिवर्धनम् । उर्वारुकमिव बन्धनान्
मृत्योर् मुक्षीय माऽमृतात् ॥ स्वाहा ॥ 10
ॐ त्र्यम्बकयँ यजामहे सुगन्धिं पुष्टिवर्धनम् । उर्वारुकमिव बन्धनान्
मृत्योर् मुक्षीय माऽमृतात् ॥ स्वाहा ॥ 11 offer oblations eleven
times. मृत्युंजय इदं न मम । मृत्युंजय प्रसाद सिद्धिर्सतु ।

Havan with Navagraha Suktam

ॐ आसत्येन रजसा वर्तमानो निवेशयन्नमृतं मर्त्यं च ।
हिरण्ययेन सविता रथेनाऽऽदेवो याति भुवना विपश्यन् ।
अग्निं दूतं वृणीमहे होतारं विश्ववेदसम् ।
अस्य यज्ञस्य सुक्रतुम् ॥
येषामीशे पशुपतिः पशूनां चतुष्पदामुत च द्विपदाम् ।
निष्क्रीतोऽयं यज्ञियं भागमेतु रायस्पोषा यजमानस्य सन्तु ॥
ॐ अधिदेवता प्रत्यधिदेवता सहिताय आदित्याय नमः ॥ १॥ स्वाहा

ॐ आप्यायस्व समेतु ते विश्वतस्सोम वृष्णियम् ।
भवा वाजस्य सङ्गथे ॥
अप्सुमे सोमो अब्रवीदन्तर्विश्वानि भेषजा ।
अग्निञ्च विश्वशम्भुवमापश्च विश्वभेषजीः ।
गौरी मिमाय सलिलानि तक्षत्येकपदी द्विपदी सा चतुष्पदी ।
अष्टापदी नवपदी बभूवुषी सहस्राक्षरा परमे व्योमन् ।
ॐ अधिदेवता प्रत्यधिदेवता सहिताय सोमाय नमः ॥ २॥ स्वाहा

ॐ अग्निर्मूर्द्धा दिवः ककुत्पतिः पृथिव्या अयम् ।
अपाꣳ रेताꣳसि जिन्वति ।
स्योना पृथिवि भवाऽनृक्षरा निवेशनि । यच्छानश्शर्म सप्रथाः ।
क्षेत्रस्य पतिना वयꣳहिते नेव जयामसि ।
गामश्वं पोषयिन्त्वा स नो मृडातीदृशे ॥
ॐ अधिदेवता प्रत्यधिदेवता सहिताय अङ्गारकाय नमः ॥ ३॥ स्वाहा

ॐ उद्बुध्यस्वाग्ने प्रतिजागृह्येनमिष्टापूर्ते सꣳसृजेथामयञ्च ।
पुनः कृण्वꣳस्त्वा पितरं युवानमन्वाताꣳसीत्वयि तन्तुमेतम् ॥
इदं विष्णुर्विचक्रमे त्रेधा निदधे पदम् । समूढमस्यपाꣳ सुरे ॥
विष्णो रराटमसि विष्णोः पृष्ठमसि विष्णोश्श्नप्त्रेस्थो
विष्णोस्स्यूरसि विष्णोर्ध्रुवमसि वैष्णवमसि विष्णवे त्वा ।
ॐ अधिदेवता प्रत्यधिदेवता सहिताय बुधाय नमः ॥ ४॥ स्वाहा

ॐ बृहस्पते अतियदर्यो अर्हाद्द्युमद्विभाति क्रतुमज्जनेषु ।
यद्दिदयच्चवसर्तप्रजात तदस्मासु द्रविणन्धेहि चित्रम् ॥
इन्द्रमरुत्व इह पाहि सोमं यथा शार्याते अपिबस्सुतस्य ।
तव प्रणीती तव शूरशर्मन्नाविवासन्ति कवयस्सुयज्ञाः ॥
ब्रह्मजज्ञानं प्रथमं पुरस्ताद्विसीमतस्सुरुचो वेन आवः ।
सबुध्निया उपमा अस्य विष्ठास्सतश्च योनिमसतश्च विवः
ॐ अधिदेवता प्रत्यधिदेवता सहिताय बृहस्पतये नमः ॥ ५॥ स्वाहा

ॐ प्रवश्शुक्राय भानवे भरध्वम् । हव्यं मतिं चाग्नये सुपूतम् ॥
यो दैव्यानि मानुषा जनूꣳषि। अन्तर्विश्वानि विद्म ना जिगाति ॥
इन्द्राणीमासु नारिषु सुपत्नीमहमश्रवम् ।
न ह्यस्या अपरञ्चन जरसा मरते पतिः ॥
इन्द्रं वो विश्वतस्परि हवामहे जनेभ्यः । अस्माकमस्तु केवलः ॥
ॐ अधिदेवता प्रत्यधिदेवता सहिताय शुक्राय नमः ॥ ६॥ स्वाहा

ॐ शन्नो देवीरभिष्टय आपो भवन्तु पीतये। शंयोरभिस्रवन्तु नः ॥
प्रजापते न त्वदेतान्यन्यो विश्वा जातानि परिता बभूव ।
यत्कामास्ते जुहुमस्तन्नो अस्तु वयꣳस्याम पतयो रयीणाम् ।
इमं यमप्रस्तरमाहि सीदाऽङ्गिरोभिः पितृभिस्संविदानः ।
आत्वा मन्त्राः कविशस्ता वहन्त्वेना राजन् हविषा मादयस्व ॥
ॐ अधिदेवता प्रत्यधिदेवता सहिताय शनैश्चराय नमः ॥ ७॥ स्वाहा

ॐ कया नश्चित्र आभुवदूती सदावृधस्सखा ।
कया शचिष्ठया वृता ।
आऽयङ्गौः पृश्निरक्रमीदसनन्मातरं पुनः । पितरञ्च प्रयन्त्सुवः ।
यत्ते देवी निर्ऋतिराबबन्ध दाम ग्रीवास्वविचर्त्यम् ।
इदन्ते तद्विष्याम्यायुषो न मध्यादथाजीवः पितुमद्धि प्रमुक्तः ॥
ॐ अधिदेवता प्रत्यधिदेवता सहिताय राहवे नमः ॥ ८॥ स्वाहा

ॐ केतुङ्कृण्वन्नकेतवे पेशो मर्या अपेशसे। समुषद्भिरजायथाः ॥
ब्रह्मा देवानां पदवीः कवीनामृषिर्विप्राणां महिषो मृगाणाम् ।
श्येनोगृध्राणाꣳस्वधितिर्वनानाꣳ सोमः पवित्रमत्येति रेभन् ।
सचित्र चित्रं चितयन्तमस्मे चित्रक्षत्र चित्रतमं वयोधाम् ।
चन्द्रं रयिं पुरुवीरम् बृहन्तं चन्द्रचन्द्राभिर्गृणते युवस्व ॥
ॐ अधिदेवता प्रत्यधिदेवता सहितेभ्यः केतुभ्यो नमः ॥ ९॥ स्वाहा

॥ ॐ आदित्यादि नवग्रह देवताभ्यो नमो नमः ॥
॥ ॐ शान्तिः शान्तिः शान्तिः ॥

Havan with Ayushya Suktam

Agniveshya Grihya Sutra 2.5.3 and बोधायनगृह्यसूत्रे तृतीयप्रश्ने सप्तमोऽध्याये

आयुष्य सूक्तम्

यो ब्रह्मा ब्रह्मण उज्जहार प्राणैः शिरः कृत्तिवासाः पिनाकी ।
ईशानो देवः स न आयुर्दधातु तस्मै जुहोमि हविषा घृतेन ॥१॥
स्वाहा

विभ्राजमानः सरिरस्य मध्याद्रोचमानो घर्मरुचिर्य आगात् ।
स मृत्युपाशानपनुद्य घोरानिहायुषेणो घृतमत्तु देवः ॥२॥ स्वाहा

ब्रह्मज्योतिर्ब्रह्मपत्नीषु गर्भं यमादधात् पुरुरूपं जयन्तम् ।
सुवर्णरंभग्रहमर्कमर्च्यं तमायुषे वर्धयामो घृतेन ॥३॥ स्वाहा

श्रियं लक्ष्मीमौबलामम्बिकां गां षष्ठीं च यामिन्द्रसेनेत्युदाहुः ।
तां विद्यां ब्रह्मयोनिꣳ सरूपामिहायुषे तर्पयामो घृतेन ॥४॥ स्वाहा

दाक्षायण्यः सर्वयोन्यः स योन्यः सहस्रशो विश्वरूपा विरूपाः ।
ससूनवः सपतयः सयूथ्या आयुषेणो घृतमिदं जुषन्ताम् ॥५॥ स्वाहा

दिव्या गणा बहुरूपाः पुराणा आयुश्छिदो नः प्रमथ्नन्तु वीरान् ।
तेभ्यो जुहोमि बहुधा घृतेन मा नः प्रजाꣳ रीरिषो मोत वीरान् ॥६॥
स्वाहा

एकः पुरस्तात् य इदं बभूव यतो बभूव भुवनस्य गोपाः ।
यमप्येति भुवनꣳ साम्पराये स नो हविर्घृतमिहायुषेत्तु देवः ॥७॥
स्वाहा

वसून् रुद्रान् आदित्यान् मरुतोऽथ साध्यान् ऋभून् यक्षान् गन्धर्वाꣳ
पितृꣳ विश्वान् । भृगून् सर्पाꣳअङ्गिरसोऽथ सर्वान् घृतꣳ हुत्वा
स्वायुष्या महयाम शश्वत् ॥८॥ स्वाहा

विष्णो त्वं नो अन्तमश्शर्मयच्छ सहन्त्य । प्रतेधारा मधुश्च्युत उथ्सं
दुह्रते अक्षितम् ॥९॥ स्वाहा

ॐ शान्तिः शान्तिः शान्तिः ।

Ayur devata idam na ma ma. Ayur devata prasad siddhirastu.

Havan with Svasti Vachaka

स्वस्ति वाचक श्लोकः Svasti Vachaka Sloka

ॐ स्वस्तिः प्रजाभ्यः परिपालयन्ताम् । न्यायेन मार्गेण महीं महीशाः । गो ब्राह्मणेभ्यः शुभमस्तु नित्यम् । लोकाः समस्ताः सुखिनो भवन्तु ॥

आशीर्-वचनम् Aashir Vacanam

सर्वे भवन्तु सुखिनः । सर्वे सन्तु निरामयाः । सर्वे भद्राणि पश्यन्तु । मा कश्चिद् दुःखभाग् भवेत् ॥

श्रद्धां मेधां यशः प्रज्ञां विद्यां बुद्धिं श्रियं बलम् । आयुष्यं तेज आरोग्यं देहि मे परमेश्वर ॥ प्रसीद प्रसीद प्रसादान् देहि सुप्रसादो अस्तु ॥

असतो मा सद् गमय । तमसो मा ज्योतिर् गमय । मृत्योर् मा अमृतं गमय ॥

Purnahuti with Havan

ॐ पूर्णमदः पूर्णमिदं पूर्णात् पूर्णमुदच्यते । पूर्णस्य पूर्णमादाय पूर्णमेवावशिष्यते ॥

नीराजनम् Nirajanam (Lighting camphor)

सोमो वा एतस्य राज्यमादत्ते । यो राजा सन्राज्यो वा सोमेन यजते । देवसुवामेतानि हवीꣳषि भवन्ति । एतावन्तो वै देवानाꣳ सवाः । त एवास्मै सवान् प्रयच्छन्ति । त एनं पुनस् सुवन्ते राज्याय । देवसू राजा भवति ॥ न तत्र सूर्यो भाति न चन्द्रतारकं । नेमा विद्युतो भान्ति कुतोऽयम् अग्निः । तमेव भान्तम् अनुभाति सर्वं तस्य भासा सर्वम् इदं विभाति ॥ नीराजनं सन्दर्शयामि ॥ नीराजनानन्तरम् आचमनीयम् समर्पयामि । दिव्यरक्षान् धारयामि ॥

मन्त्र-पुष्पम् Mantra Pushpam

ॐ योऽपां पुष्पं वेद । पुष्पवान् प्रजावान् पशुमान् भवति । चन्द्रमा वा अपां पुष्पम् । पुष्पवान् प्रजावान् पशुमान् भवति । य एवं वेद । योऽपामायतनं वेद । आयतनवान् भवति ॥

प्रदक्षिणा-नमस्कारा Pradakshina

स्वर्भू पाताल लोकेषु यः पर्यटति नित्यशः ।
प्रदक्षिणं करोमीह सद्गुरुं पादचारतः ।
ॐ शान्तिः शान्तिः शान्तिः ॥

Pardon Shlokas

<u>क्षमा प्रार्थना (Forgiveness for errors in chant)</u>

ॐ यद् अक्षरं पदं भ्रष्टं मात्राहीनं तु यद् भवेत् । तत् सर्वं क्षम्यतां देव प्रसीद परमेश्वर । विसर्गबिन्दुमात्राणि पदपादाक्षराणि च । न्यूनानि चातिरिक्तानि क्षमस्व परमेश्वर । अन्यथा शरणं नास्ति त्वमेव शरणं मम । तस्मात् कारुण्य भावेन रक्ष रक्ष परमेश्वर ॥ The peoples of Bharata have this humility of asking for pardon in case of a mistake in chanting or in interpretation! It connects one closer to the Lord.

ॐ नमः पार्वतीपतये हर हर महादेव ॥ (customary to raise both arms and drop them from namaskar mudra).

Om dirgha ayur bhavatu.
Om samasta sarvamangalani bahvatu. Tathastu.

chanting ends here. Bhajan Starts.

Basic Mantras

Om ॐ - अ उ म A U M

The primordial sound. Sound is the attribute of the space element, the element that is all-pervasive, untarnished, and always available to all. Om is the direct path to salvation. Composed of अ उ म A U M.
Listen to it and chant it clearly.

Rudra Gayatri Mantra

ॐ तत् पुरुषाय विद्महे महादेवाय धीमहि । तत् नः रुद्रः प्रचोदयात् ॥
We cognize That Being in our Intellect who is the Great Lord. May Rudra purify one's reason and inspire us to welcome noble thoughts and work upon them.

In the 2nd line by Panini Grammar rules, त् changes to न् and visarga to ओ thus तन्नो रुद्रः प्रचोदयात् ।

Maha Mrityunjaya Mantra

ॐ त्र्यम्बकं यजामहे सुगन्धिं पुष्टिवर्धनम् ।
उर्वारुकमिव बन्धनान् मृत्योर् मुक्षीय माऽमृतात् ॥

O Lord! I have understood that the transactional reality is three-fold viz., I need to

- maintain my body,
- become friends with my mind, and
- behave kindly with others.

Just as a fruit detaches from its branch when ripe, similarly while alive, may I smoothly overcome death, in the form of weakness of mind, or illness of body, or poverty of family and society.

Note - by grammar rules of sandhi, the word बन्धनात् has become बन्धनान् I Also, मृत्योः has become मृत्योर् I मा अमृतात् has become माऽमृतात् it means अ is silent.

Om Jai Jagadish Hare

ॐ जय जगदीश हरे स्वामी जय जगदीश हरे । भक्त जनों के संकट । दास जनों के संकट क्षण मे दूर करे ॥ ॐ जय जगदीश..

जो ध्यावे फल पावे दुःख बिनसे मन का । स्वामी दुःख बिनसे मन का । सुख सम्पति घर आवे कष्ट मिटे तन का ॥ ॐ जय जगदीश ...

मात पिता तुम मेरे शरण गहूँ मैं किसकी । स्वामी शरण पडूँ मैं किसकी । तुम बिन और न दूजा आस करूँ मैं जिसकी ॥ ॐ जय जगदीश .....

तुम पूरण परमात्मा तुम अन्तर्यामी । स्वामी तुम अन्तरयामी । पार ब्रह्म परमेश्वर तुम सबके स्वामी ॥ ॐ जय जगदीश ....

तुम करुणा के सागर तुम पालन कर्ता । स्वामी तुम रक्षा कर्ता । मैं सेवक तुम स्वामी कृपा करो भर्ता ॥ ॐ जय जगदीश ...

तुम हो एक अगोचर सब के प्राणपति । स्वामी सब के प्राणपति । किस विध मिलूँ दयालु किस विध मिलूँ कृपालु तुम को मैं कुमति ॥ ॐ जय जगदीश...

दीनबन्धु दुःखहर्ता ठाकुर तुम मेरे । स्वामी रक्षक तुम मेरे । अपने हाथ बढाओ अपने शरणि लगाओ द्वार खडा मैं तेरे ॥ ॐ जय जगदीश...

विषय विकार मिटाओ पाप हरो देवा । स्वामी कष्ट हरो देवा । श्रद्धा भक्ति बढाओ सन्तन की सेवा ॥ ॐ जय जगदीश...
तन मन धन सब कुछ है तेरा । स्वामी सब कुछ है तेरा । तेरा तुझ को अर्पण क्या लागे मेरा ॥ ॐ जय जगदीश...

Bhajan

बोलो बोलो सब मिल बोलो ॐ नमः शिवाय x5
बोलो बोलो सब मिल बोलो ॐ नमः शिवाय x5
जूटजटा में गंगाधारी , त्रिशूलधारी डमरु बजावे
डम डम डम डम डमरु बजावे x2
गूंज उठा ॐ नमः शिवाय , प्रेम से बोलो नमः शिवाय
ॐ नमः शिवाय x4, हर ॐ नमः शिवाय x3
बोलो बोलो सब मिल बोलो ॐ नमः शिवाय x5

Bolo Bolo Sab Mil Bolo Om Namah Shivaya
https://www.youtube.com/watch?v=tWoI4KgDzS8
https://www.youtube.com/watch?v=1iwiy0T9Wjk

Season Tithi Nakshatra

Some Sanskrit terms for puja use. पञ्चाङ्ग Panchang.
English transliteration follows the Hindi pronunciation here.

Season ऋतु Ritu – Names of the six seasons in a year, each is of two months duration. Spring वसन्त "Vasant", Summer ग्रीष्म "Grishma", Monsoon वर्षा "Varsha", Autumn शरद् "Sharad", Pre-Winter हेमन्त "Hemant", Winter शिशिर "Shishir".

Fortnight पक्ष Paksh – Names of lunar fortnight of fifteen days duration. Bright fortnight waxing moon शुक्ल पक्ष Shukla Paksh, Dark fortnight waning moon कृष्ण पक्ष Krishna Paksh.

Lunar Day तिथि Tithi – Names of lunar days of a fortnight. 1st प्रतिपदा Pratipada, 2nd द्वितीया Dvitiya, 3rd तृतीया Tritiya, 4th चतुर्थी Chaturthi, 5th पञ्चमी Panchami, 6th षष्ठी Shashti, 7th सप्तमी Saptami, 8th अष्टमी Ashtami, 9th नवमी Navami, 10th दशमी Dashami, 11th एकादशी Ekadashi, 12th द्वादशी Dvadashi, 13th त्रयोदशी Trayodashi, 14th चतुरदशी Chaturdashi, 15th पूर्णिमा Poornima for Bright half शुक्ल पक्ष / अमावास्या Amavasya for dark half कृष्ण पक्ष ।

Weekday वार Vara – Names of seven days of the week. Monday सोमवार Somvar, Tuesday मङ्गलवार Mangalvar, Wednesday बुधवार Budhvar, Thursday गुरुवार Guruvar,

Friday शुक्रवार Shukravar, Saturday शनिवार Shanivar, Sunday रविवार Ravivar.

Half-year अयन Ayana – Names of six months duration.

Northward movement of Sun उत्तरायण Uttarayana,

Southward movement of Sun दक्षिणायन Dakshinayana.

Rashi – Names of Zodiac (associated with performer Yajaman).

1 Aries मेष Mesha, 2 Taurus वृषभ Vrishab, 3 Gemini मिथुन Mithun, 4 Cancer कर्क Karka, 5 Leo सिंह Sinh, 6 Virgo कन्या Kanya, 7 Libra तुला Tula, 8 Scorpio वृश्चिक Vrischik, 9 Sagittarius धनु Dhanu, 10 Capricorn मकर Makar, 11 Aquarius कुम्भ Kumbh, 12 Pisces मीन Meen.

Birth Star नक्षत्र Nakshatra – Names of birth star and months

12 Months मास	27 Birth Stars नक्षत्र
1 Apr-May चैत्र Chaitra	१ चित्रा २ स्वाति
2 May-Jun वैशाख Vaisakh	३ विशाखा ४ अनुराधा
3 Jun-July ज्येष्ठ Jyeshtha	५ ज्येष्ठा ६ मूल
4 July-Aug आषाढ़ Aashadh	७ पूर्वाषाढ ८ उत्तराषाढ ९ सतभिषा
5 Aug-Sep श्रावण Shravan	१० श्रवण ११ धनिष्ठा
6 Sep-Oct भाद्रपद Bhadrapad	१२ पूर्वभाद्र १३ उत्तरभाद्र
7 Oct-Nov आश्विन Ashwin	१४ अश्विन १५ रेवती १६ भरणी
8 Nov-Dec कार्तिक Kartik	१७ कृतिका १८ रोहिणी
9 Dec-Jan मार्गशीर्ष Margashirsh	१९ मृगशिरा २० उत्तरा
10 Jan-Feb पौष Paush	२१ पुनर्वसु २२ पुष्य
11 Feb-Mar माघ Magh	२३ मघा २४ अश्लेशा
12 Mar-Apr फाल्गुन Phalgun	२५ पूर्वाफाल्गुन २६ उत्तराफाल्गुन २७ हस्त

Latin Transliteration Chart

International Alphabet of Sanskrit Transliteration (I.A.S.T.)

a	ā	i	ī	u	ū	ṛ	ṝ	ḷ
अ	आ	इ	ई	उ	ऊ	ऋ	ॠ	ऌ
						◌ृ	◌ॄ	◌ॢ
e	ai	o	au	ṃ	m̐	ḥ	Ardha Visarga	oṃ
ए	ऐ	ओ	औ	◌ं	◌ँ	◌ः	ᳲ	ॐ

Consonants are shown with vowel ‘a= अ’ for uttering

ka	क	ca	च	ṭa	ट	ta	त	pa	प
kha	ख	cha	छ	ṭha	ठ	tha	थ	pha	फ
ga	ग	ja	ज	ḍa	ड	da	द	ba	ब
gha	घ	jha	झ	ḍha	ढ	dha	ध	bha	भ
ṅa	ङ	ña	ञ	ṇa	ण	na	न	ma	म
ya	ra	la	va		ḷa	‘			
य	र	ल	व		ळ	ऽ			
					Consonant only				
śa	ṣa	sa	ha		**ka**	**क्अ = क**			
श	ष	स	ह		**k**	**क्**			

The symbol ꣳ is pronounced as गुम् “gum”. These are ayogavaha अयोगवाह sounds for Anusvara seen in Vedic literature due to Sandhi.

dhyāyeddhemāmbujārūḍhāṃ varadābhayapāṇikām. āyuṣyadevatāṃ nityāmāśritābhīṣṭasiddhidām. āyurdevi mahāprājñe sūtikāgṛhavāsini. pūjitā parayā bhaktyā dīrghamāyuḥ prayaccha me. siṃhaskandhagatāṃ devīṃ caturhastāṃ trilocanām. śaktiśūlagadāpadmadhāriṇīṃ candramaulikām. vicitravastrasaṃyuktāṃ svarṇābharaṇabhūṣitām. siṃhaskandhagatāṃ devīṃ caturhastāṃ trilocanām. siṃhaskandhagate devi surāsurasupūjite. prabhavātyabdake saṅghe āyurdevi namo'stu te. āyurdevi namastubhyaṃ varṣadevi namo'stu te. āyurdehi balaṃ dehi sarvāriṣṭaṃ vyapohaya. āyuṣmadātmikāṃ devīṃ karālavadanojjvalām. ghorarūpāṃ sadā dhyāyedāyuṣyaṃ yācayāmyaham. śubhaṃ bhavatu kalyāṇi āyurārogyasampadām. sarvaśatruvināśāya āyurdevi namo'stu te ṣaṣṭhāṃśāṃ prakṛtaissiddhāṃ pratiṣṭhāpya ca suprabhām. supradāṃ cāpi śubhadāṃ dayārūpāṃ jagatprasūm. devīṃ ṣoḍaśavarṣāṃ tāṃ śāśvatasthirayauvanām. bimboṣṭhīṃ sudatīṃ śuddhāṃ śaraccandranibhānanām. namo devyai mahādevyai siddhyai śāntyai namo namaḥ. śubhāyai devasenāyai āyurdevyai namo namaḥ. varadāyai putradāyai dhanadāyai namo namaḥ. sṛṣṭyai ṣaṣṭhāṃśarūpāyai siddhāyai ca namo namaḥ. māyāyai siddhayoginyai āyurdevyai namo namaḥ. sārāyai śāradāyai ca parādevyai namo namaḥ. bālāriṣṭahare devi āyurdevyai namo namaḥ. kalyāṇadāyai kalyāṇyai phaladāyai ca karmaṇām. pratyakṣāyai svabhaktānāmāyurdevyai namo namaḥ. devarakṣaṇakāriṇyai āyurdevyai namo namaḥ. śuddhasattvasvarūpāyai vanditāyai nṛṇāṃ sadā. varjitakrodhahiṃsāyai āyurdevyai namo namaḥ.

References

Author-Title-Year-Edition-Publisher

- Sri Sri Ravi Shankar-Understanding Shiva-2015-1st -The Art of Living, Bangalore
- Swami Devrupananda-मन्त्रपुष्पम्-2010-4th -Ramakrishna Math, Mumbai
- Radheshyam Khemka-रुद्राष्टाध्यायी-2016-21st-Gita Press, Gorakhpur
- Ashwini Kumar Aggarwal-Rudra Puja: Simple Complete Profound-2017-1st-Devotees of Sri Sri Ravi Shankar Ashram, Punjab
- https://stotranidhi.com/hi/ayushya-suktam-in-sanskrit/

https://www.ashtangayoga.info/philosophy/sanskrit-and-devanagari/transliteration-tool/#devanagari/iast/

Audio Chants on the Net

Rudram by The Art of Living
https://www.youtube.com/watch?v=JHxT4uSmNOc

The Ghanapati –
Rudram from Shukla Yajur Veda Kanva Shakha
https://www.youtube.com/watch?v=XoeyJlFE6Jw

Shivoham by Bhanumathi Narasimhan

https://www.youtube.com/watch?v=h0Bt-qCxQR0

Ayushya Homa
https://www.youtube.com/watch?v=Lle8RYVeVnc

Ayushya Suktam
https://www.youtube.com/watch?v=ILWhLHHy6gY

https://www.youtube.com/watch?v=6DT05HD6ZDo

Om Ayurdehi Jashodehi
https://www.youtube.com/watch?v=KR4m2FQvP-0

Ayur Devi Stotram
https://www.youtube.com/watch?v=6162yhRiAe8

Epilogue

Puja is a simple technique to communicate each and every emotion, desire, demand and thought to the Divine.

The ritual is complete and profound because it nourishes the physical, mental and spiritual aspects of oneself, one's family and friends, and one's surroundings in a meditative and joyful manner.

सर्वे भवन्तु सुखिनः । सर्वे सन्तु निरामयाः ।
सर्वे भद्राणि पश्यन्तु । मा कश्चिद् दुःख भाग् भवेत् ॥
ॐ शान्तिः शान्तिः शान्तिः ॥

When faith has blossomed in life, Every step is led by the Divine.

Sri Sri Ravi Shankar

Om Namah Shivaya

जय गुरुदेव

9 789348 012050

Printed at Repro India Ltd.